Con la colección **Unicornio de Papel**, desde Vegueta Ediciones queremos realizar nuestra particular aportación al proyecto universal más apasionante que existe, el de la educación infantil y juvenil. Como una varita mágica, la educación tiene el poder de iluminar sombras y hacer prevalecer la razón, los principios y la solidaridad, impulsando la prosperidad.

Genios de la Ciencia, la serie de biografías de científicos e inventores, pretende aproximar a los niños a aquellos grandes personajes cuyo estudio, disciplina y conocimiento han contribuido al desarrollo y la calidad de vida de nuestra sociedad.

Textos: Ainhoa Rebolledo
Ilustraciones: Iratxe López de Munáin
Diseño: Sònia Estévez
Maquetación: Candela Ferrández
© Vegueta Ediciones
Roger de Llúria, 82, principal 1ª, 08009 Barcelona
General Bravo, 26, 35001 Las Palmas de Gran Canaria
www.veguetaediciones.com
ISBN: 978-84-17137-08-3
Depósito Legal: B 29263-2017

Impreso y encuadernado en España

GENIOS DE LA CIENCIA

TESLA

EL MAGO DE LA ELECTRICIDAD

TEXTOS AINHOA REBOLLEDO
ILUSTRACIONES IRATXE LÓPEZ DE MUNÁIN

Vegueta Ediciones

Colección **Unicornio de Papel**

¡HOLA!

¿Qué tal estáis? ¿Sabéis quién soy? No, no… por mucho que busquéis a vuestro alrededor no me vais a encontrar, porque soy invisible. Sin embargo, que sepáis que me utilizáis todos los días, al encender la tele, poner el aire acondicionado o incluso al jugar con la playstation. ¿Lo veis más claro después de estas pistas?

Pues, efectivamente, soy el control remoto, la tecnología sin cables, un invento sensacional al que estáis tan acostumbrados que ya ni os paráis a pensar en lo mágico que soy. Aunque parece que todo lo que hago es muy sencillo, mi funcionamiento en realidad resulta bastante complejo. De hecho, nadie había pensado en inventarme hasta que llegó Nikola Tesla con su idea genial.

Nikola Tesla es el científico con más inventos en la historia de la humanidad. Nació a mediados del siglo XIX y, con su trabajo, ayudó a modernizar el mundo con muchísimos avances basados en la electricidad. ¡A él le debemos la luz de nuestras casas!

Cuando terminéis de leer este libro, habréis descubierto sus mejores inventos y podréis decir: «¡Eso también lo inventó Tesla, el mago de la ciencia!», y así dejar boquiabiertos a vuestros amigos.

El pueblo de Tesla

Nikola Tesla nació el 10 de julio de 1856 en Smiljan, un pueblo del antiguo Imperio austrohúngaro que hoy forma parte de Croacia. Por aquel entonces, mucha gente vivía en el campo y el principal medio de transporte era el caballo. Las casas se iluminaban con velas y la única forma de comunicarse a distancia era con cartas escritas a mano.

El control remoto

Llamamos «control remoto» a los dispositivos electrónicos que nos permiten accionar máquinas y aparatos a distancia, sin necesidad de cables y con solo activar un botón. Aunque hasta hace unos años estos dispositivos solían funcionar con señales de radio, en la actualidad casi todos lo hacen con señales de infrarrojo.

«Mi madre comprendía mejor que nadie la naturaleza humana y nunca nos reprendía. Sabía que las personas no pueden evitar que los demás cometan errores y hagan tonterías, pues eso solo se consigue a través de la propia voluntad.»

El muchacho creció en una casita en el campo y pasaba mucho tiempo jugando solo. Milutin, su padre, era sacerdote de la iglesia ortodoxa serbia. Đuka, su madre, era aficionada a idear pequeños aparatos caseros y tenía una memoria prodigiosa. ¡Siempre se acordaba de todo!

En ese entorno tan tranquilo, Nikola se acostumbró desde pequeño a leer mucho y a estudiar como el que más. Le divertían las matemáticas y, cuando resolvía ejercicios, siempre hacía las sumas, restas, multiplicaciones y divisiones de memoria, utilizando solo la cabeza. Nunca apuntaba nada con lápiz y papel. ¡No le hacía falta!

Le gustaba tanto aprender cosas nuevas que, por la noche, Milutin le tenía que esconder las velas para que no pudiera seguir leyendo. Esa limitación animó a Nikola a fabricar sus propias velas y así poder seguir estudiando hasta la madrugada sin que sus padres se dieran cuenta.

¡A lo mejor que le escondieran las velas le inspiró, años más tarde, a inventar el tipo de circuito eléctrico que hoy se emplea en todas las casas! Pero eso fue más tarde, no nos adelantemos…

💡 **Una familia prodigiosa**

Para Nikola y sus hermanos estudiar era lo mismo que jugar: estudiaban jugando y jugaban estudiando. Su madre, Đuka, enseñó a sus cinco hijos todo lo que sabía y en sus clases montaban cachivaches de lo más divertidos. Tanto admiraba Nikola a su madre que, de mayor, diría que su fuente de sabiduría había sido ella.

«Durante un tiempo titubeé, impresionado por la autoridad del profesor, pero pronto me convencí de que yo tenía razón y asumí la tarea con todo el ardor y la confianza infinita de la juventud.»

Un niño ingenioso

Nikola tenía dos tías que eran muy feas y, cuando venían de visita, los niños salían espantados. Al preguntarle en broma cuál de las dos era más guapa, Nikola contestó: «No hay ninguna que sea tan fea como la otra».

Ya desde pequeño, Nikola fue un niño con mucha imaginación que podía inventar soluciones a los problemas con los que se encontraba. ¡Nada le detenía! Estaba obsesionado con los rayos y la luz que provocaban, y eso desesperaba a su profesora en el colegio.

Cuando había relámpagos, siempre tenía que llamarle la atención para que Nikola se centrara en la pizarra y dejara de distraerse mirando por la ventana. Como alumno también era algo tozudo y casi siempre tenía problemas con los maestros, a los que a veces les discutía la lección. A menudo, su profesora se llevaba las manos a la cabeza y decía: «¡Nikola no va a llegar a nada en la vida!»

Pero se equivocaba. Nikola llegó a ser uno de los ingenieros más importantes de la historia y fue capaz de idear aparatos que con el tiempo se convertirían en inventos sensacionales.

Cuando acabó el instituto, nuestro futuro inventor se trasladó a la ciudad de Graz, en Austria, para estudiar ingeniería eléctrica en la universidad. Sin embargo, su método de aprendizaje personal era muy particular; Nikola prefería estudiar por su cuenta y a un ritmo desenfrenado. Lo cierto fue que, aunque no sea el mejor ejemplo, Nikola nunca terminó sus estudios universitarios.

Siendo muy joven, Nikola encontró trabajo en la compañía telefónica nacional de Budapest, la capital de Hungría, y muy pronto se convirtió en el jefe de los electricistas.

Aprovechaba el tiempo libre para pasear por un parque cercano, dando de comer a las palomas y pensando en nuevas invenciones que podía visualizar con toda precisión en su cerebro.

Un día, mirando el cielo como hacía desde pequeño, a Nikola se le ocurrió la manera de transmitir la electricidad. Recordad que en aquella época la electricidad era una energía casi desconocida. Hoy en día, sin embargo, nos costaría mucho pasar un día sin ella. ¡Mirad alrededor y veréis cuántos aparatos son eléctricos!

Nikola pronto se trasladó a Francia para trabajar en una de las compañías del estadounidense Thomas Alva Edison, que por aquel entonces era el inventor y el empresario más importante del mundo en el campo de la energía eléctrica. El gran Edison tenía un poder muy parecido al de este servidor que os está narrando esta historia: desde Norteamérica mandaba en empresas que estaban a miles de kilómetros, sin visitarlas nunca. ¡A su manera, también tenía una especie de «control remoto»!

🐦 «Gracias a la televisión y al teléfono, podremos vernos y escucharnos igual de bien que cuando estamos en el mismo sitio. Todo esto estará a nuestro alcance a través de un teléfono, y llegará el día en que cada persona lleve el suyo en el bolsillo.»

💡 **El teléfono**

En 1876, solo cinco años antes de que Nikola llegara a Budapest, un escocés llamado Alexander Graham Bell registró la primera patente del teléfono. Este invento permitió a la gente hablar en tiempo real desde lugares del mundo muy lejanos entre sí. Gracias a la experiencia acumulada con la rudimentaria tecnología de la época, Nikola perfeccionó el altavoz telefónico, el aparatito del teléfono por el que se escucha la voz.

Los barcos transatlánticos

Antes del desarrollo de la aviación comercial a principios del siglo XX, para llegar al continente americano —y a cualquier destino que no estuviera unido por tierra—, los europeos tenían que viajar en grandes buques transatlánticos. El viaje duraba semanas y los pasajeros se repartían en el barco por cubiertas o pisos, en camarotes que eran cada vez más minúsculos y abarrotados en función del precio del billete.

En París, Nikola ideó nuevas soluciones tecnológicas con las que deslumbró a la gente, como el día en que se encargó de iluminar por dentro el Palacio de la Ópera. Todos los asistentes se dieron cuenta por primera vez de lo feo que era el tenor, al hacerse intensamente la luz sobre el escenario donde cantaba. Tanto dio que hablar Nikola, que finalmente consiguió que uno de sus jefes le recomendara para ir a trabajar con el extraordinario Edison en Estados Unidos. ¡Por supuesto que se iba! Aunque estuviera lejos, quería aprender con los mejores.

Por aquella época, hace ya más de cien años, para viajar de Europa a Estados Unidos había que cruzar el océano Atlántico en barco. La travesía duraba varios días.

Durante el viaje, al pobre Nikola le robaron las maletas y todo lo que llevaba encima, menos lo que escondía en el bolsillo: unas monedas y la carta que le había escrito su jefe para que se la entregara a Edison. La carta decía: «Querido Thomas Edison: solo conozco a dos hombres que sean genios de la ciencia y uno de ellos es usted. El otro es Nikola Tesla, quien le ha entregado esta nota que está leyendo usted ahora».

Nada más llegar, Edison le propuso un reto dificilísimo: le pidió que mejorara el diseño de los generadores de corriente continua que fabricaban en la compañía, un trabajo de ingeniería realmente complicado. Al fin y al cabo, hacía muy poco que se usaba la electricidad.

—¡Señor Tesla! —exclamó Edison— Si consigue usted arreglar el problema de los generadores, ¡le daré un millón de dólares!

Y, en tan solo ocho meses, Nikola consiguió perfeccionar el diseño de aquellos generadores, que empezaron a funcionar mucho mejor. Sin embargo, cuando fue a cobrar por su trabajo, se topó con una sorpresa muy desagradable.

—¿De dónde voy a sacar yo un millón de dólares? —le dijo Edison— ¡Era broma! ¡Ustedes los europeos no tienen sentido del humor!

Sí, era mucho dinero, pero Nikola lo necesitaba para montar un laboratorio donde desarrollar los inventos que se le iban ocurriendo.

🐦 «Uno de los grandes acontecimientos de mi vida fue conocer a Edison. Me maravillaba que hubiese conseguido hacer tantas cosas sin haber recibido una formación científica. Era un verdadero genio.»

💡 **Thomas Alva Edison**

Nacido en Ohio, Estados Unidos, en 1847, Edison fue un prolífico inventor que patentó más de mil inventos empleando muy distintos tipos de tecnología. Gracias a él se lograron grandes avances como el fonógrafo (una especie de tocadiscos muy aparatoso) o la película de cine.

Corriente continua (DC)

En la corriente continua, la electricidad circula por los cables en un único sentido. Si pasan muchos electrones por el cable, este se calienta y deja de ser eficaz. Para transportar grandes cantidades el cable tiene que ser muy grueso. Por eso es útil para pequeños dispositivos, como las pilas.

Corriente alterna (AC)

En la corriente alterna los electrones viajan en las dos direcciones entre los polos, alternándose. Como si fuese una cadena humana, permite transportar más cantidad de electrones a mayor distancia, lo cual sin duda supone una gran ventaja. De hecho, en todas las casas de hoy en día se utiliza la corriente alterna.

A partir de aquella decepción, Edison y Tesla empezaron a llevarse bastante mal. En primer lugar, porque pensaban de manera muy distinta: para hacer funcionar todo tipo de aparatos e iluminar las casas y las calles, Edison quería implantar el uso de la corriente eléctrica continua, mientras que Nikola era partidario de la corriente alterna.

En todo caso, aún tendrían que pasar años hasta que un tipo de corriente venciera finalmente sobre la otra, y a Tesla y a Edison aún les quedaban muchas batallas que librar en la llamada «guerra de las corrientes».

Ya habéis visto que Nikola siempre tenía sus propias opiniones y no daba su brazo a torcer, por eso al final Edison se hartó de él y le despidió.

«¡Adiós a la Empresa de Máquinas de Thomas Edison!», escribió Nikola en su diario. Antes de poder volver a trabajar de ingeniero, el pobre tuvo que pasar dos años cavando zanjas a cambio de un sueldo vergonzoso ¡de dos dólares diarios!

CORRIENTE CONTINUA

CORRIENTE ALTERNA

17

Poco después, Nikola por fin pudo fundar su propia empresa. Desde el principio tuvo problemas de dinero porque nadie quería apoyarle para no llevarle la contraria a un señor tan poderoso como Edison.

En realidad, no es que Edison fuera un malvado. Simplemente tenía mejor ojo para los negocios. De hecho, todos tenemos que estarle muy agradecidos por su labor, porque patentó más de mil inventos que lograron grandes avances.

Nikola, por su parte, solo tenía cabeza para inventar y no pensaba nunca en los negocios. A veces no registraba sus

invenciones y, por tanto, no obtenía beneficios porque no podía cobrarles nada a quienes las usaran. Por eso siempre tenía problemas económicos y muchos inventos suyos acabaron siendo atribuidos a Edison.

De todas formas, si Nikola no veía sus investigaciones como un negocio, también era porque creía en la idea de trabajar por el progreso humano. Se imaginaba un futuro en el que estuviesen resueltas todas las necesidades de las personas, por ejemplo con una fuente de energía eléctrica gratuita. ¿Os imagináis cuántas ventajas tendría hoy un sistema que funcionase así?

Las patentes

Para ser propietario de un invento, este se tiene que presentar al Estado para solicitar su patente. La patente es un derecho que reconoce al propietario del invento e impide que otras personas lo utilicen sin pagar.

Por suerte para Nikola, un día conoció al científico y millonario George Westinghouse, que se convirtió en mecenas de muchos de sus inventos. Juntos alumbraron la Exposición Internacional de Chicago con un sistema de corriente alterna. Nikola consiguió encender miles de bombillas fluorescentes a la vez. ¡Estaba empeñado en dejar claro que su sistema eléctrico era el mejor!

A Edison no le gustaban nada los progresos de Nikola y decidió montar un espectáculo muy peligroso para hundir a su rival.

—¡La corriente alterna puede matar! —anunció un día Edison ante cientos de personas, pulsando un botón para activar un circuito eléctrico alterno— ¡Ahora mismo lo verán ustedes!

En la otra punta de aquel circuito había un elefante que, al momento, murió electrocutado por una gran descarga. Los asistentes protestaron horrorizados.

Aquel fue un episodio terrible en la guerra de las corrientes entre Edison y Tesla. Sin embargo, Nikola no se dio por vencido y poco después consiguió canalizar la electricidad generada por la fuerza de las cataratas del Niágara hasta la ciudad de Búfalo, situada a 32 kilómetros. La corriente continua jamás podría recorrer tanta distancia. ¡Quedaba finalmente demostrado que la alterna era mucho mejor!

Los mecenas

Los mecenas son personas que cuentan con recursos económicos y toman bajo su protección a científicos o a artistas para que puedan llevar a cabo sus creaciones.

Las exposiciones universales

Desde mediados del siglo XIX, las exposiciones universales son grandes acontecimientos que se organizan en distintas ciudades y en los que se muestran los mayores inventos y avances en tecnología, pero también descubrimientos y curiosidades encontradas en expediciones por tierras remotas.

Guglielmo Marconi

En 1901, un socio italiano de Edison llamado Guglielmo Marconi desarrolló la telegrafía sin hilos, un invento que acabaría convirtiéndose en la radio que hoy conocemos. En 1909, Marconi recibió el Premio Nobel de Física por sus contribuciones a la telegrafía inalámbrica. Eso sí, su prototipo incluía quince patentes registradas anteriormente por Tesla.

Premio Nobel

Es un galardón internacional que reconoce a personas que han llevado a cabo descubrimientos, investigaciones o contribuciones importantes para la humanidad. Los premios comenzaron a entregarse en 1901 en Suecia.

A Nikola lo que más le gustaba era la electricidad, pero también hizo otros descubrimientos. Por ejemplo, inventó la radio. Un momento… ¿La radio? ¿En serio? ¡Haced la prueba! Decidles a vuestros padres o profesores que Nikola Tesla inventó la radio. Ya veréis que os dicen que la inventó el ingeniero italiano Marconi.

Lo cierto es que Marconi le había tomado prestadas muchas ideas a Nikola. Este se enfadó, claro, pero no porque Marconi ganara muchísimo dinero y él no, sino porque el italiano había triunfado usando ideas que no eran suyas.

Nikola denunció el robo de las patentes y, tras un juicio que duró muchos años, el juez dictaminó que Nikola había inventado la radio. El problema fue que, para cuando llegó este veredicto judicial, ya era tarde, porque Nikola había fallecido hacía más de un año.

Nikola siempre pensaba más allá del dinero y la fama y lo que le importaba era el progreso:

—He invertido todo lo que tengo en experimentos para hacerle la vida un poco más fácil a la gente —llegó a decir una vez—. El presente es de ellos, pero el futuro, para el que verdaderamente trabajo, es mío.

Hace un buen rato que no hablo de mí mismo y puede que las primeras páginas de este libro os resulten ya lejanas. Sin embargo, como control remoto que soy, ahora mismo os voy a activar el cerebro —por supuesto, sin pulsar botones ni conectar cables— para que os acordéis de mí y penséis en la cantidad de cosas que soy capaz de hacer.

Ya sabéis que muchos de los aparatos que tenéis en casa funcionan sin cables, ¿verdad?, como por ejemplo la tele, la playstation o la puerta del garaje.

24

Pues bien, resultó ser que, al poco tiempo de ganar la guerra de las corrientes, Nikola se trasladó a un nuevo laboratorio donde por fin desarrolló con éxito una idea que venía madurando desde muy joven: la transmisión de ondas electromagnéticas de baja frecuencia a través del espacio abierto.

¿Qué quiere decir esto? ¡Lo habéis adivinado! Pues se le ocurrió inventarme a mí: el control remoto, la tecnología sin cables.

Los campos magnéticos

Los *campos magnéticos* son las energías invisibles que rodean determinados objetos y que hacen que estos se atraigan o repelan.

Los teslas

En honor a Tesla, la Conferencia General de Pesos y Medidas puso el nombre de *tesla* a la unidad con que se miden los campos magnéticos.

—¿Y si lograse inventar un transmisor gigantesco, un sistema de señales inalámbricas, sin cables, que además funcione como la fuente de electricidad para el planeta entero? —se preguntaba Nikola.

Cuando lo tuvo claro fue a presentar el proyecto a posibles inversores para que le prestasen el dinero que necesitaba. Alguien le recomendó que fuera a ver a un famoso banquero llamado J. P. Morgan.

—¡No entiendo nada de lo que me está contando! —dijo Morgan cuando Nikola llevaba más de una hora explicando el funcionamiento de aquella torre generadora de energía.

—Mire, la torre dará electricidad de forma gratuita a todo el planeta. La energía se transmitirá a larga distancia sin necesidad de cables y, de esta forma, la electricidad circulará de forma libre y para todo el mundo, sin coste alguno.

—Todo esto suena muy interesante, señor Tesla —le dijo J. P. Morgan, acariciándose el bigote—, pero tendré que consultarlo con el mayor experto en electricidad que conozco, mi socio Thomas Edison.

—¡No puede ser! ¡El único que me ha querido escuchar y resulta que es socio de Edison! —se lamentó Nikola, llevándose las manos a la cabeza— No hay nada que hacer, ¡ahora sí que estoy perdido!

💡 **J. P. Morgan**

Nacido en 1837, J. P. Morgan fue un banquero e inversor estadounidense que jugó un papel muy importante en el desarrollo industrial y en la política económica de su país. Ayudó a modernizar el mundo de los negocios y su influencia fue clave a la hora de evitar más de una crisis financiera. Su fortuna fue tan inmensa que alguna vez se le oyó decir: «Si tienes que preguntar el precio de algo, significa que no puedes permitírtelo».

Una vez más, al pobre Nikola le acabó saliendo mal aquella apuesta. Naturalmente, al ser socio de Edison, J. P. Morgan no le ayudó a construir su torre suministradora de energía eléctrica. Sí que creó un modelo más barato y de tamaño más reducido, aunque nunca terminó de ser operativo.

Si Tesla hubiese podido desarrollar aquella idea, a lo mejor habría conseguido dar con una forma de conducir la energía eléctrica sin cables —hay muchos científicos que así lo creen—, igual que en todas las casas enseguida se empezó a escuchar la radio.

Nikola lo intentó de todas las maneras posibles, pero solo fue capaz de poner en marcha los inventos para los que consiguió apoyo económico. De haber sido por él, tal vez hoy en día la electricidad llegaría sin cables a todos los rincones del planeta.

🕊 «El tiempo vale más que el dinero. Siempre se puede conseguir más dinero, pero es imposible conseguir más tiempo.»

💡 **La Torre Tesla**

Esta construcción, diseñada para funcionar como antena de comunicaciones sin cables, estaba pensada para emitir señales de radio y permitir la conexión telefónica entre puntos a ambos lados del océano Atlántico. La instalación llegó a funcionar, pero Tesla tuvo demasiados problemas económicos para ponerla en marcha de forma continua, así que acabó siendo derribada a los pocos años de ser levantada.

Los coches Tesla

En 2003, un empresario y visionario llamado Elon Musk puso en marcha una marca de coches con un planteamiento muy original: todos sus modelos serían eléctricos. Tras muchos años de investigación hasta conseguir desarrollar baterías lo suficientemente potentes y duraderas, Tesla Motors se ha convertido en una de las marcas de coche con más futuro del mercado.

Tesla sufrió mucho durante las últimas décadas de su vida: muy poca gente confiaba ya en él y, tras el fracaso de su proyecto de la torre de energía, perdió la ilusión y durante un tiempo dejó de inventar. A menudo se le podía ver solo, paseando por los parques de Nueva York, dando de comer a sus amigas de siempre, las palomas.

Nikola pasó sus últimos años en soledad, viviendo en distintas habitaciones de hotel hasta que murió a los 86 años de edad. A pesar del desprecio con que lo trataron los empresarios más poderosos de su época, la historia ha terminado por reconocer el esfuerzo de Nikola, y hoy en día se le considera uno de los inventores más importantes de la historia.

Al fin y al cabo, muchos de los avances de los últimos 150 años se basan en sus inventos. No es casualidad, por ejemplo, que le hayan puesto su nombre a la marca de coches eléctricos más moderna de la actualidad, ¡que ya fabrica coches que pueden desplazarse sin conductor! ¿A que apetece darse una vuelta en uno de esos bólidos para rendirle un homenaje a este gran inventor?

31

¿QUÉ ES LA ELECTRICIDAD Y CÓMO SE GENERA?

La electricidad es un tipo de energía que utilizamos para accionar muchos tipos de aparatos y que se puede acumular en un mismo lugar (la **electricidad estática**) o bien fluir de un sitio a otro (la **electricidad corriente**).

Todo lo que hay en el universo está formado por unas unidades muy pequeñas llamadas **átomos**, que son como los ladrillos minúsculos con los que se construye la materia. Los átomos se componen de partículas aún más pequeñas. Entre ellas están los **protones**, que tienen carga positiva (+), y los **electrones**, que tienen carga negativa (-).

A veces, en algunos materiales a los que se aplica algún tipo de fuerza, los electrones de un átomo pueden desprenderse y desplazarse hasta otro átomo. Este movimiento o flujo de muchísimos electrones de un átomo a otro, en la misma dirección, es lo que llamamos electricidad.

Es importante saber que la **electricidad es peligrosa**, ya que las descargas pueden llegar a hacernos mucho daño. Siempre hay que seguir las instrucciones de cualquier aparato eléctrico que manejemos. Nunca se deben mojar los aparatos que funcionan con electricidad ni tampoco tapar los cables por los que les llega el suministro eléctrico.

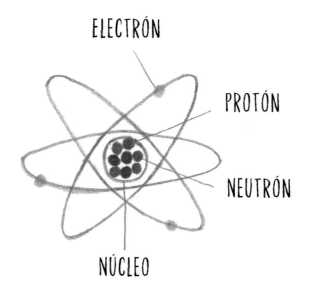

ELECTRÓN

PROTÓN

NEUTRÓN

NÚCLEO

Generamos electricidad cuando establecemos un circuito eléctrico. Si por ejemplo encendemos una lámpara en casa, lo que estamos haciendo es completar un circuito eléctrico, permitiendo que los electrones fluyan hasta la bombilla.

El circuito eléctrico se compone de los siguientes elementos:

Una fuente de energía o generador. Puede ser una batería, una pila o la toma de corriente de las paredes de casa.

Un conductor. Es el cable por el que fluye la electricidad.

Un interruptor. Es el mecanismo que conecta y desconecta las partes del circuito, permitiendo o no el flujo de electricidad.

Un receptor. Es el aparato al que llega la electricidad y que la necesita para funcionar. Por ejemplo, una bombilla, un ventilador o una nevera.

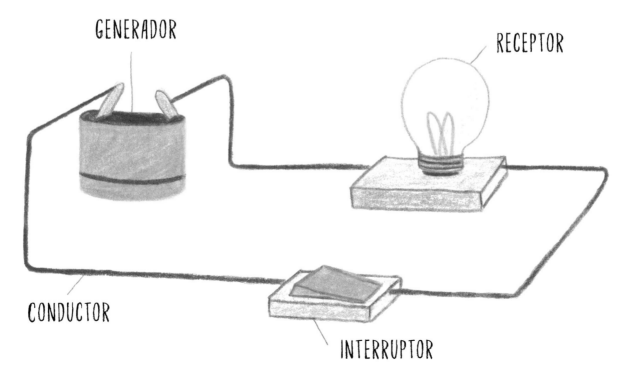

GENERADOR

RECEPTOR

CONDUCTOR

INTERRUPTOR

EL PROTAGONISTA

Nikola Tesla nació el 10 de julio de 1856 en Smiljan, un pueblo del antiguo Imperio austrohúngaro, en la actual Croacia. Fue un ingeniero fascinado por la electricidad, además de uno de los mejores físicos de la historia. Era hijo del pastor ortodoxo Milutin Tesla y de Đuka Mandic, inventora de aparatos caseros.

Estudió ingeniería en Alemania, Austria y la República Checa y trabajó como ingeniero eléctrico para la empresa telefónica de Budapest. En 1881 visualizó por primera vez el campo magnético rotatorio que daría lugar a la corriente alterna de electricidad, empleada en todas las casas hoy en día. Trabajó para Thomas Edison en Europa y en Estados Unidos, país al que se trasladó en 1884 y donde acabó fundando su propia empresa, la Tesla Electric Light & Manufacturing.

OTROS HITOS Y GENIOS DE LA HISTORIA

1768	1830	1876	1879
James Watt construye la primera máquina de vapor, mejorando el invento de Thomas Newcomen.	**George Stephenson** diseña la primera línea ferroviaria moderna entre ciudades.	**Alexander Graham Bell** registra la primera patente del teléfono.	**Thomas Edison** inventa la bombilla de luz eléctrica.

En 1916, el Instituto de Ingenieros Eléctricos le concedió la medalla de Edison, el equivalente al Premio Nobel para los ingenieros. Pionero en todos los campos de la tecnología sin cables, Tesla hablaba ocho idiomas y podía llegar a memorizar libros enteros. Murió a los 86 años completamente arruinado, ya que a lo largo de su vida jamás se preocupó por registrar ni patentar sus ideas.

En Serbia, Tesla aparece en los billetes de 100 dinares y da nombre al aeropuerto más importante del país. En la localidad estadounidense de Silicon Valley, el corazón tecnológico del mundo, hay erigida en su memoria una estatua que ofrece WiFi —es decir, internet sin cables— de manera totalmente gratuita.

1887

Nikola Tesla desarrolla un motor de inducción que funciona con corriente alterna de electricidad.

1895

Los **hermanos Lumière** fabrican el cinematógrafo, la primera cámara de cine portátil.

1903

Los **hermanos Wright** realizan el primer vuelo en aeroplano.

1941

Hedy Lamarr y **George Antheil** desarrollan un sistema de guía por radio, antecedente de las tecnologías Bluetooth y WiFi.